1 ADIVINANZA POR DÍA
366 ADIVINANZAS PARA LEER EN FAMILIA

SELECCIÓN, ADAPTACIÓN Y CREACIÓN DE ADIVINANZAS:
BUBBLES BOOKS

ILUSTRACIÓN Y DISEÑO:
SILVIA ROMA

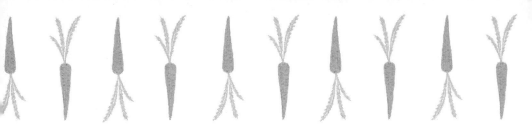

¡Bienvenidas y bienvenidos
¡al mundo de las adivinanzas y acertijos!

AQUÍ ENCONTRARÁS UNA CUIDADA SELECCIÓN DE ADIVINANZAS DIVERTIDAS E INTELIGENTES, PARA JUGAR CON TU FAMILIA Y CON QUIEN MÁS TE APETEZCA.

LAS ADIVINANZAS SON COMO ENIGMAS, Y LAS PERSONAS QUE BUSCAN LA SOLUCIÓN DEL MISTERIO, ¡VERDADERAS DETECTIVES!

**ANTES DE EMPEZAR, TE DAMOS ALGUNAS PISTAS
PARA QUE EL JUEGO SEA MÁS ENTRETENIDO:**

PISTA 1.
HAY MUCHAS ADIVINANZAS EN RIMA, Y EN ALGUNAS,
LA SOLUCIÓN HACE PARTE DE LA RIMA.

PISTA 2.
EN ALGUNAS ADIVINANZAS LA RESPUESTA
ESTÁ ESCONDIDA EN EL PROPIO TEXTO.

PISTA 3.
PODRÁS ENCONTRAR PISTAS DE UNA ADIVINANZA
EN OTRA QUE ESTÉ CERCA DE ELLA.

PISTA 4.
MUCHAS VECES LAS ILUSTRACIONES DAN PISTAS
PARA LA SOLUCIÓN DEL MISTERIO.

Y bien, ¿serás capaz de resolver un enigma por día?

01
ENERO

DE MUCHOS QUE SOMOS,
EL PRIMERO YO NACÍ,
PERO SOY EL MENOR DE TODOS.
¿CÓMO PUEDE SER ASÍ?

02
ENERO

MORRO AFILADO,
GRAN NADADOR
Y DE BAÑISTAS
DEVORADOR.

03
ENERO

LLEVA AÑOS EN EL MAR
Y AÚN NO SABE NADAR.

04
ENERO

NACE EN EL MAR,
MUERE EN EL RÍO.
ESE ES MI NOMBRE,
¡PUES VAYA QUÉ LÍO!

05
ENERO

MI NACIMIENTO ES MARINO
SIN SER MARISCO NI PESCADO,
A TODO EL MUNDO DOY GUSTO
Y A MÍ NADIE ME LO HA DADO.

06
ENERO

DOS PINZAS TENGO,
HACIA ATRÁS CAMINO,
DE MAR O DE RÍO,
EN EL AGUA VIVO.

07
ENERO

PESAR, YO NO PESO NADA;
POR EL AIRE SIEMPRE SUBO,
Y SI ME METO EN TUS OJOS
TE HARÉ LLORAR, SEGURO.

08
ENERO

NEGRO FUI,
ROJO SERÉ
Y CONVERTIDO EN CENIZA
YA ME VERÉ.

09
ENERO

VUELA SIN ALAS,
SILBA SIN BOCA,
AZOTA SIN MANOS
Y TÚ NI LO VES, NI LO TOCAS.

10
ENERO

DE RAYAS ES MI PIJAMA,
PERO NUNCA
ME METO EN LA CAMA.
¿QUIÉN SOY?

11
ENERO

SE PONE PARA DORMIR
AUNQUE NO ES UN CAMISÓN;
PUEDE SER DE LANA,
SEDA O ALGODÓN.

12
ENERO

TIENE CUATRO PATAS
Y NO PUEDE ANDAR.
TIENE CABECERA
Y NO SABE HABLAR.

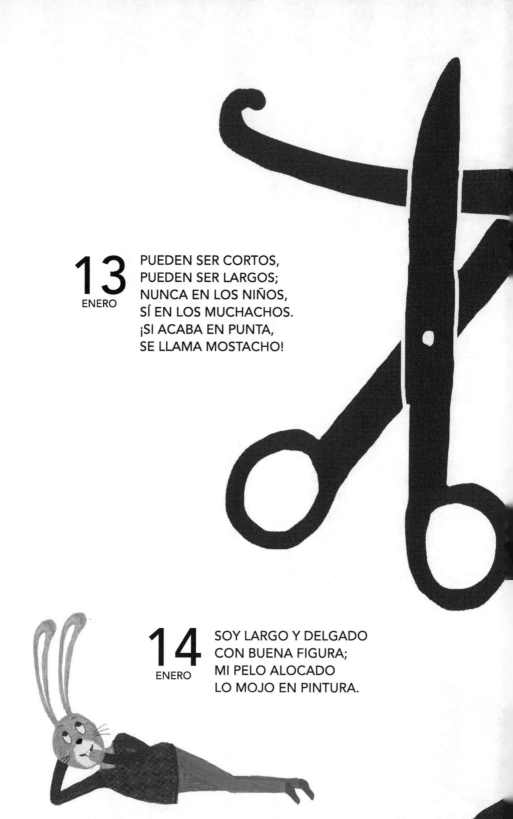

13
ENERO

PUEDEN SER CORTOS,
PUEDEN SER LARGOS;
NUNCA EN LOS NIÑOS,
SÍ EN LOS MUCHACHOS.
¡SI ACABA EN PUNTA,
SE LLAMA MOSTACHO!

14
ENERO

SOY LARGO Y DELGADO
CON BUENA FIGURA;
MI PELO ALOCADO
LO MOJO EN PINTURA.

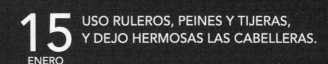

15
ENERO

USO RULEROS, PEINES Y TIJERAS,
Y DEJO HERMOSAS LAS CABELLERAS.

16
ENERO

PARECE QUE NO SEA NORMAL,
PERO IR CON LOS PIES EN LA CABEZA,
PARA MI ES LO HABITUAL.

17
ENERO

AUNQUE TENGO CUATRO PATAS
YO NUNCA PUEDO CORRER.
TENGO LA COMIDA ENCIMA
Y NO LA PUEDO COMER.

18
ENERO

SOY UN NÚMERO
HECHO CON ESMERO,
PERO SI ME QUITAS LA MITAD,
SERÉ UN CERO.

19
ENERO

TENGO RUEDAS Y PEDALES,
CADENAS Y UN MANILLAR;
TE AHORRAS GASOLINA
AUNQUE TE HAGA SUDAR.
¿QUIÉN SOY?

20
ENERO

ADIVINA CUÁL ES ESA LETRA
QUE VIAJA EN BICICLETA,
EN AUTOBÚS, EN GLOBO Y EN BARCO,
CUANDO HA DE CRUZAR EL CHARCO.

21
ENERO

CAE DE UNA TORRE
Y NO SE MATA,
CAE EN UN RÍO
Y SE DESBARATA.

22
ENERO

CON MIS HOJAS BIEN UNIDAS,
QUE NO ME LAS LLEVA EL VIENTO,
NO DOY SOMBRA NI COBIJO,
PERO ENSEÑO Y ENTRETENGO.

23
ENERO

SOY UN ANIMAL QUE SILLA TENGO,
SIEMPRE VOY Y VENGO,
PERO NUNCA ME SIENTO.

24
ENERO

ESTÁ EN LA NAVAJA
Y ESTÁ EN EL CUADERNO,
SI SE CAE DEL ÁRBOL
ES EN INVIERNO.

25
ENERO

NO SOY NADA Y TENGO NOMBRE,
SIEMPRE IRÉ PEGADA A TI,
ASÍ SEAS MUJER U HOMBRE
NUNCA TE ESCAPARÁS DE MÍ,
¿QUIÉN SOY?

26
ENERO

TODO LO LLEVA DELANTE:
LOS COLMILLOS PARA LA LUCHA
Y LA TROMPA PARA LA DUCHA.

27
ENERO

EN UN RINCÓN DE LA CLASE,
DÓNDE YO ESTOY COLOCADA,
ACUDES CON LOS PAPELES
QUE NO TE SIRVEN DE NADA.

28
ENERO

EN EL CAMPO ME CRIÉ,
MIS HERMANOS SON LOS AJOS
Y AQUEL QUE LLORA POR MÍ,
ME ESTÁ PARTIENDO EN PEDAZOS.

29
ENERO

EN EL ALTO HE NACIDO
Y CON MIS HERMANOS HE VIVIDO.
DE MAYOR ME HE CAÍDO
Y MI AGUA HAS BEBIDO.

30
ENERO

NO PIENSES QUE ES UNA COL,
O QUE BAILA EL CHACHACHÁ;
BÚSCALA SOBRE TU CAMA,
QUE YO TE LA HE DICHO YA.

31
ENERO

ADIVINA, ADIVINANZA,
TIENE UN SOLO OJO
Y UNA CARA ANCHA.

01
FEBRERO

TE VOY A SER SINCERO:
CON MI PICO TALADRADOR
HAGO CASAS CON ESMERO

02
FEBRERO

¡AY, QUÉ DESASTRE!
ENTRE HILOS Y TELAS,
¿MI PROFESIÓN ENCONTRASTE?

03
FEBRERO

SOY ALTA Y MUY DELGADA,
TENGO UN OJO,
HAGO VESTIDOS Y
NO ME LOS PONGO.

04
FEBRERO

Y LO ES, Y LO ES,
Y TÚ NO ME LO ACIERTAS
NI SIQUIERA EN UN MES.

05
FEBRERO

PARA LA TELA LO PIDO
Y CON ÉL TODO LO MIDO

06
FEBRERO
UNA SEÑORITA BLANDA
QUE SIN ESTAR ENFERMA
SIEMPRE ESTÁ EN LA CAMA.

07
FEBRERO
POR LA VÍA VOY,
POR LA VÍA VENGO
Y EN ALGUNA ESTACIÓN,
UN RATITO ME ENTRETENGO.

08
FEBRERO
NO TIENE PATA,
SI TIENE TAPA;
PARA ENCONTRARLA
GIRA LA JACA.

09 FEBRERO
TENGO UNA GRAN SOMBRILLA,
Y ME BUSCAN POR SABROSA,
PERO ATENCIÓN, TEN CUIDADO,
QUE PUEDO SER VENENOSA.

10 FEBRERO
CUANDO ME TIENES, TIENES GANAS
DE COMPARTIRME.
PERO, SI ME COMPARTES,
YA NO ME TIENES.
¿QUÉ SOY?

11 FEBRERO
CON LAS MANOS VACÍAS
LOS PODRÁS LLENAR
ADIVINAS QUÉ SERÁN.

12
FEBRERO

¿QUÉ COSA POSEEN LAS PERSONAS
QUE NADIE LA PUEDE VER?
SIN ALAS VUELA HASTA EL CIELO
Y ES LA CAUSA DEL SABER.

13
FEBRERO

TODAS LAS PALABRAS SÉ,
Y AUNQUE TODAS LAS EXPLIQUE,
NUNCA LAS PRONUNCIARÉ.

14
FEBRERO

DOS SON TRES,
TRES SON CUATRO
Y CUATRO SON SEIS
¿QUÉ SON?

15
FEBRERO

HACHA Y HUCHA ME TIENEN,
ECHA NO ME QUIERE NI VER,
MI SONIDO ES TODO MUDO,
MI NOMBRE DEBES YA SABER.

16
FEBRERO

EN EL MEDIO DEL MAR ESTÁ,
EN EL MUNDO NO TIENE CABIDA,
ES LA PRIMERA EN EL AMOR
Y LA ÚLTIMA EN LA VIDA.

17
FEBRERO

SI TE PREGUNTO
CÓMO SE LLAMA
ESTE GRAN BICHO,
YA TE LO HE DICHO.

18
FEBRERO

LOS ZAPATOS,
EN QUITÁRMELOS TARDARÉ,
PUES NECESITO TIEMPO
PARA LA FAENA QUE TENDRÉ.
¿QUIÉN SOY?

19
FEBRERO

SOLO TRES LETRAS TENGO,
PERO TU PESO YO SOSTENGO.
SI ME TRATAS CON CUIDADO,
TE LLEVARÉ A CUALQUIER LADO.

20
FEBRERO

NO ME UTILIZAN LOS PATOS
MAS ME LLEVAN DE APELLIDO.
CON ZA EMPIEZA MI NOMBRE
Y EL RESTO ES PAN COMIDO.

21
FEBRERO

VA CAMINANDO POR SU CAMINITO,
NO TIENE PRISA Y VA DESPACITO
Y SU NOMBRE YA TE LO HE DICHO.

22
FEBRERO

TE LA DIGO,
TE LA DIGO,
TE LA VUELVO A REPETIR,
TE LA DIGO VEINTE VECES
Y NO ME LA SABES DECIR.
¿QUÉ ES?

23
FEBRERO

¿CUÁNTAS PATAS TIENE UN PERRO?
¿CUÁNTAS PATAS TIENE UN GATO?
¿SABES QUÉ NÚMERO ES?
¡YA LO HAS ADIVINADO!

24
FEBRERO

POSEE CORONA Y NO ES REY,
TIENE ESCAMAS SIN SER PEZ,
¿QUÉ RARA COSA HA DE SER?

25
FEBRERO

MUY CHIQUITO, CHIQUITO,
PONE FIN A LO ESCRITO.

26
FEBRERO

ME ABRIGO CON PAÑOS BLANCOS,
LUZCO BLANCA CABELLERA
Y POR CAUSA MÍA LLORA
HASTA LA MISMA COCINERA.

27
FEBRERO

SOY EL HIJO DEL AGUA, PERO CUANDO
REGRESO AL AGUA MUERO. ¿QUÉ SOY?

28
FEBRERO

UN ESQUÍ MAL COLOCADO,
A VER SI LO VAS A ENCONTRAR;
ESTÁ MUY BIEN PREPARADO
PARA LA ZONA POLAR.

29
FEBRERO

CASCA DURA POR ARRIBA,
CASCA DURA POR ABAJO,
PATITAS CORTAS Y
CORTO EL PASO.
¿QUIÉN SOY?

01
MARZO

CUANDO TÚ CANSADO ESTÁS,
BÚSCAME Y DESCANSARÁS,
EN MÍ TE PODRÁS SENTAR
Y A LA GENTE VERÁS PASAR.

02
MARZO

ESTE BANCO ESTÁ OCUPADO
POR UN PADRE Y POR UN HIJO:
EL PADRE SE LLAMA JUAN
Y EL HIJO YA TE LO HE DICHO.

03
MARZO

SOY LA PLANTA MÁS OLOROSA DEL MUNDO.
¿PUEDES DECIR QUIEN SOY EN UN SEGUNDO?

04
MARZO

NO SOY NADA Y TENGO NOMBRE,
SIEMPRE IRÉ PEGADA A TI;
ASÍ SEAS GRANDE O CHIQUITA,
NUNCA TE ESCAPARÁS DE MÍ.
¿QUIÉN SOY?

05
MARZO

WAMBA Y WITIZA ME TIENEN DE PIE,
VÍCTOR SÓLO A MEDIAS Y MUZA AL REVÉS.

06
MARZO

EL PIE TAPO AL INSTANTE
IGUAL QUE SI FUERA UN GUANTE.

07
MARZO
LIBRO DE POCO TAMAÑO
QUE SÓLO TIENE DOCE HOJAS,
PERO SE LEE EN UN AÑO.

08
MARZO
EMPIEZA COMO NOTA MUSICAL,
TERMINA COMO AVE DE CORRAL.
¿QUÉ ES?

09
MARZO
TIENE YEMAS Y NO ES HUEVO;
TIENE COPA Y NO ES SOMBRERO;
TIENE HOJAS Y NO ES LIBRO;
¿QUÉ ES PUES LO QUE OS DIGO?

10
MARZO
UNA COPA REDONDA Y NEGRA;
BOCA ARRIBA ESTÁ VACÍA,
Y BOCA ABAJO ESTÁ LLENA.

11
MARZO

DESDE EL LUNES HASTA EL VIERNES,
SOY LA ÚLTIMA EN LLEGAR;
EL SÁBADO SOY LA PRIMERA
Y EL DOMINGO A DESCANSAR.

12
MARZO

YO SOY EL AMO QUE MANDA AQUÍ,
TENGO UNA GORRA COLOR RUBÍ
Y AL NENE GUAPO DESPIERTO ASÍ:
KIKIRIKÍ, KIKIRIKÍ.

13
MARZO

CUENTA LAS MANOS
O CUENTA LOS PIES
Y SABRÁS QUE NÚMERO ES.

14
MARZO

AVE Y NO VUELA,
LLANA Y ES CURVA.
QUIÉN NO ADIVINA ESTA
NO ADIVINARÁ NINGUNA

15
MARZO

SE LA DOY A TODO EL MUNDO Y
ME QUEDO CON ELLA, ¿QUÉ ES?

16
MARZO

CON CUATRO HOJITAS ME HAS DE BUSCAR
Y BUENA SUERTE PODRÁS ENCONTRAR.

17
MARZO

LARGO, LARGO, SU CUELLO ES
Y TIENE MANCHAS EN LA PIEL.
SI TE DIGO MÁS, SABRÁS QUIÉN ES.

18
MARZO

TECLAS TENGO SIN SER PIANO
Y MI TAMAÑO ES PEQUEÑO:
CONMIGO PUEDE MI DUEÑO
AHORRAR FATIGA A SU MANO.

19
MARZO

COMO EL ALGODÓN
SUELO EN EL AIRE FLOTAR.
A VECES TRAIGO LLUVIA
Y OTRAS SÓLO HUMEDAD.

20
MARZO

TE LO DIGO Y TE LO REPITO,
Y TE LO VUELVO A AVISAR;
Y POR MÁS QUE TE LO DIGA,
NO LO VAS A ADIVINAR.

21
MARZO

NO SOY ESTACIÓN DEL METRO,
NI SOY ESTACIÓN DEL TREN,
PERO SOY UNA ESTACIÓN
DONDE MIL FLORES SE VEN.

22
MARZO

LA ESTACIÓN DEL AÑO,
TAMBIÉN LOS ELEMENTOS
Y LOS PUNTOS CARDINALES,
ESE NÚMERO REPRESENTO.
¿CUÁL NÚMERO SOY?

23
MARZO

VUELO ENTRE LAS FLORES,
VIVO EN UNA COLMENA,
FABRICO MIEL Y TAMBIÉN CERA.
¿QUIÉN SOY?

24
MARZO

EN TODOS LOS PARTIDOS,
DE RATO EN RATO,
RESUENA EN LOS OÍDOS.

25
MARZO

NUNCA BIEN SUPE ESCRIBIR
PERO SOY GRAN ESCRIBANO;
BIEN QUE TE PUEDO SERVIR,
SI ME TOMAS EN TU MANO.

26
MARZO

SOBRE UN CAMINO DE HIERRO,
MUCHAS SORPRESAS TENDRÁS,
SUBO Y BAJO BRUSCAMENTE,
A MUCHA VELOCIDAD.

27
MARZO

DOY AL CIELO RESPLANDORES
CUANDO DEJA DE LLOVER.
ABANICOS DE COLORES
QUE NUNCA PODRÁS COGER

28
MARZO

SI QUIERES SABER QUIÉN SOY,
ESPERA A QUE LLUEVA.
CONTANDO LOS COLORES DEL ARCOÍRIS,
EN UN INSTANTE TENDRÁS LA PRUEBA.

29
MARZO

ALGUNOS LO HAN VISTO EN EL MUNDO,
POCOS LO HAN LLEGADO A TOCAR,
Y HA DERRIBADO MUCHAS CASAS,
Y A OTRAS HA LLEGADO A DAÑAR.

30
MARZO

SOY ROJA COMO UN RUBÍ
Y LLEVO PINTITAS NEGRAS,
ME ENCUENTRO EN EL JARDÍN,
EN LAS PLANTAS O EN LA HIERBA.
¿QUIÉN SOY?

31
MARZO

ALEGRAN EL CAMPO
CON SUS COLORES,
PERFUMAN EL MUNDO
CON SUS OLORES.

01
ABRIL

SÓLO HE APRENDIDO
A LLORAR Y LLORAR;
CON LÁGRIMAS CONSIGO
EL JARDÍN ALEGRAR.

02
ABRIL

ANTES HUEVECITO,
DESPUÉS CAPULLITO;
Y MÁS TARDE VOLARÉ
COMO UN PAJARITO.
¿SABES QUIÉN SOY?

03
ABRIL

TIENE UNA LAMPARITA DE LUZ VERDE
Y CUANDO ES DE NOCHE SE ENCIENDE.

04
ABRIL

SOY BLANCA Y SIRVO PARA PEGAR.
PEGO TODO Y A TODOS,
PERO A NADIE LASTIMO.
¿QUIÉN SOY?

05
ABRIL

ESTE ERA UN NÚMERO IMPAR,
PERO UN DÍA LA VUELTA SE DIO;
BOCA ABAJO SE QUEDÓ
Y EN UN NÚMERO PAR SE CONVIRTIÓ.

06
ABRIL

CON LA PRIMAVERA,
LLEGA LA VIAJERA;
SU NIDO ES DE BARRO
Y SU COLA, DE TIJERA.

07
ABRIL

CARGADAS VAN,
CARGADAS VIENEN
Y EN EL CAMINO
NO SE DETIENEN.

08
ABRIL

SIEMPRE MIRANDO AL SOL
Y NO SOY UN CARACOL;
GIRO Y GIRO SIN FIN
Y NO SOY UN BAILARÍN.

09
ABRIL

SU TÍA CUCA TIENE UNA MALA RACHA,
¿QUIÉN SERÁ ESTA MUCHACHA?

10
ABRIL

SI LE SUMAS SU HERMANO GEMELO AL TRES,
YA SABES CUÁL ES.

11
ABRIL

CORREN MÁS QUE LOS MINUTOS,
PERO NUNCA SON LOS PRIMEROS.
¿QUIÉNES SON?

12 ABRIL

MI CASA LLEVO A CUESTAS,
TRAS DE MÍ DEJO UN SENDERO,
SOY LENTO DE MOVIMIENTOS,
NO LE GUSTO AL JARDINERO.

13 ABRIL

SIEMPRE DE MÍ DICEN ALGO,
AUNQUE MUY HUMILDE SOY.
DON ME LLAMAN EN EL MUNDO,
ADIVÍNAME QUIEN SOY.

14 ABRIL

YO FUI TU PRIMER SONIDO
CUANDO EMPEZASTE A HABLAR,
Y SOY LA PRIMERA LETRA
QUE EN EL ALFABETO ESTÁ.

15
ABRIL

TENGO UN TABIQUE EN EL MEDIO
Y DOS VENTANAS A LOS LADOS
POR LA QUE ENTRA AIRE PURO
Y SALE YA RESPIRADO.

16
ABRIL

ANDO CABEZA ABAJO,
LOS CABELLOS CHORREANDO,
Y NO DEJO DE MOVERME
SI EL SUELO ESTAS LIMPIANDO.

17
ABRIL

SIEMPRE SE MUERE ESCONDIDA SIN DAR GUERRA,
POR DAR A OTROS SU VIDA BAJO TIERRA.

18
ABRIL

UN ANIMAL PREHISTÓRICO FUI
Y HAY MUCHOS MITOS SOBRE MÍ.
UN GRANDE ANIMAL FUI,
HASTA QUE DESAPARECÍ.

19
ABRIL

ENCIMA DE LA CABEZA
GIRA MI GRAN ABANICO
Y EN LA PUNTA DE LA COLA
GIRA OTRO PEQUEÑITO.

20
ABRIL

REDONDITO, REDONDITO,
SIEMPRE ANDANDO,
SIEMPRE ANDANDO,
NO SE MUEVE DE SU SITIO.

21
ABRIL

DE LA TIERRA VOY AL CIELO
Y DEL CIELO HE DE VOLVER;
SOY EL ALMA DE LOS CAMPOS,
QUE LOS HACE FLORECER.

22
ABRIL

EN LA LUNA ES LA PRIMERA,
Y LA SEGUNDA EN PLUTÓN
EN LA TIERRA NO SE ENCUENTRA,
Y ES LA ÚLTIMA EN EL SOL.

23
ABRIL

CUANDO ME CALIENTO
HASTA LOS TALONES,
ALISO CAMISAS
Y PANTALONES.
¿QUIÉN SOY?

24 ABRIL
ZUMBA EL VUELO VIBRADOR.
EN SU CASA TODO ES ORO.
TRABAJA HACIENDO UN TESORO
CON LO QUE LE DA LA FLOR.

25 ABRIL
ES UN BONITO JUEGO:
TU TE VAS Y YO ME QUEDO;
CUENTO, CUENTO, CUENTO
Y LUEGO VOY A TU ENCUENTRO.

26 ABRIL
CUBO QUE SEIS CARAS TIENE,
VEINTIÚN PUNTOS EN TOTAL,
EN EL "PARCHIS" INTERVIENE
Y EN LA "OCA"...PUES IGUAL.

27 ABRIL
PUEDE SER DE PERSIA,
PUEDE SER DE ANA,
POR MÁS QUE SE ENROLLE,
SE VEN EN LA VENTANA.

28
ABRIL

ROJA POR DENTRO,
VERDE POR FUERA.
SI TE LA QUIERES COMER,
MUCHAS PEPITAS TENDRÁS QUE MORDER.
¿QUÉ FRUTA ES?

29
ABRIL

CUANDO NADA EN LOS RÍOS
PARECE UN TRONCO FLOTANTE;
PERO SI MUESTRAS SUS DIENTES,
TODOS HUYEN AL INSTANTE.

30 ABRIL ¿QUÉ INSTRUMENTO SE PUEDE ESCUCHAR, PERO NO SE PUEDE VER NI TOCAR?

01 MAYO JUNTOS SIEMPRE EN SILENCIO ESTAMOS. SOLO PODEMOS HABLAR CUANDO NOS SEPARAMOS.

02 MAYO AMARILLO, AMARILLITO, Y MI CANTAR ES BONITO; NO PARECE NECESARIO DECIR QUE SOY UN …

03
MAYO

¿SABES QUÉ COSA SERÁ,
QUE CUANDO HABLAS LO ROMPES
Y CUANDO CALLAS ESTÁ?

04
MAYO

REDONDITO Y ROJO ES.
NUNCA TOMA CAFÉ,
PERO SIEMPRE TOMA TÉ.

05
MAYO

CABEZA DE HIERRO,
CUERPO DE MADERA,
SI TE PISO UN DEDO,
¡MENUDO GRITO PEGAS!
¿QUÉ ES?

06 MAYO

TIENE NOMBRE DE CIUDAD ALEMANA
HUELE TAN BIEN QUE, EN VERDAD,
DE PONÉRTELA DA GANA

07 MAYO

SOY PEQUEÑO Y BLANDITO
Y MI CASA LLEVO SOBRE EL LOMITO.

08 MAYO

¡ESCAPA, ESCAPA!
QUE ESTO QUE TE DIGO,
AUNQUE NO TE OBLIGO,
TE ABRIGA Y TE TAPA.

09
MAYO

CON MI CARA TAN CUADRADA,
LISA O CON DIBUJITOS,
RESIGNADA Y POR LOS SUELOS,
ME REPITO, ME REPITO.

10
MAYO

EN UN ARMARIO ME ARRINCONAN,
SIN ACORDARSE DE MI,
PERO VAN PRONTO A BUSCARME
CUANDO TIENEN QUE SUBIR.

11
MAYO

AMARILLA EN EL CENTRO, BLANCA POR FUERA.
SI FUERA HUEVO, ESTARÍA EN LA NEVERA,
PERO COMO NO LO SOY APAREZCO EN PRIMAVERA.

12
MAYO

YO SIEMPRE VENGO,
PERO NUNCA LLEGO.
¿QUIÉN SOY?

13
MAYO

CORRE MÁS QUE UN CICLISTA,
NUNCA DÁ MARCHA ATRÁS;
SI LO PIERDES DE VISTA,
¡CÓMO ENVEJECERÁS!

14
MAYO

TE LLEGAN MUY DE MAÑANA
Y SE VAN MUCHO DESPUÉS;
REGRESAN CADA SEMANA
Y CUATRO VECES AL MES.

15 MAYO

SÓLO UNA VEZ AL AÑO
TÚ CELEBRAS ESE DÍA,
Y CONMEMORAS LA FECHA
EN QUE LLEGASTE A LA VIDA.

16 MAYO

SI ESTOY DESINFLADO,
QUEDO CHIQUITO,
SI ME LLENAS DE AIRE,
QUEDO REDONDITO.

17 MAYO

ES VERDE COMO ESMERALDA
Y NO ES JOYA DE ARTESANO;
CHARLA COMO UNA PERSONA
Y TAMPOCO ES SER HUMANO..

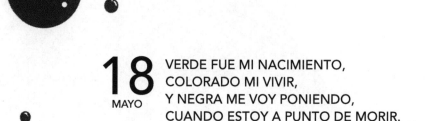

18 MAYO

VERDE FUE MI NACIMIENTO,
COLORADO MI VIVIR,
Y NEGRA ME VOY PONIENDO,
CUANDO ESTOY A PUNTO DE MORIR.

19 MAYO

POR PRIMERA TENGO PICA,
POR SEGUNDA TENGO FLOR;
SOY UN PAJARITO
DE LINDÍSIMO COLOR.

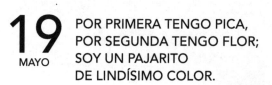

20 MAYO

HAY UNA FLOR PIZPIRETA,
EN EL FONDO DEL JARDÍN;
DE HERMOSO COLOR VIOLETA,
¿SU NOMBRE?, YA TE LO DI.

21
MAYO

PUEDES LLEVARLO EN EL PELO
Y, A VECES, EN LOS ZAPATOS,
SE COLOCA EN LA CINTURA
Y EN EL RABO DE LOS GATOS.

22
MAYO

SOY MÁS LIGERO QUE EL AIRE,
PERO UN MILLÓN DE PERSONAS
NO PUEDEN LEVANTARME,
¿QUÉ SOY?

23
MAYO

CANTA CUANDO AMANECE
Y VUELVE A CANTAR
CUANDO EL DÍA DESAPARECE.
¿QUIÉN ES?

24
MAYO

¿QUÉ COSA ES,
QUÉ COSA ES,
LO QUE TE AGARRA
Y NO LO VES?

25
MAYO

FUE EL SOL QUIEN ME DIO VIDA,
Y EL SOL ME SUELE ACABAR;
HAGO A LA GENTE ASOMBRAR,
Y AUNQUE DEL AGUA HE NACIDO,
AL AIRE VUELVO A PARAR.

26
MAYO

AUNQUE NO SEA FLORISTA, TRABAJO CON FLORES
Y POR MÁS QUE ME RESISTA,
LAS PERSONAS ME QUITAN EL FRUTO DE MIS LABORES.
¿QUIÉN SOY?

27
MAYO

LÁMINA QUE NO SE VE
Y NOS PROTEGE DEL VIENTO.
AUNQUE LA ATRAVIESA EL SOL,
SE EMPAÑA CON EL ALIENTO.

28
MAYO

ATADA A UNA CUERDA
VOLABA Y VOLABA,
Y UNA NIÑA EN LA TIERRA
CON DESTREZA LA SUJETABA.

29
MAYO

EN MEDIO DEL CIELO ESTOY,
SIN SER LUCERO NI ESTRELLA,
SIN SER SOL NI LUNA BELLA.
ACIÉRTAME TÚ QUIÉN SOY.

30
MAYO

ME LLEGAN LAS CARTAS
Y NO SÉ LEER,
Y AUNQUE ME LAS TRAGO,
NO MANCHO EL PAPEL.
¿QUIÉN SOY?

31
MAYO

YO TENGO CALOR Y FRÍO
Y NO FRÍO SIN CALOR;
Y SIN SER NI MAR NI RÍO
PECES EN MÍ HE VISTO YO.

01
JUNIO

TIENE DIENTES
Y NO COME,
TIENE CABEZA
Y NO ES HOMBRE.

02
JUNIO

LA TIENE EL TIGRE,
PERO NO EL LEÓN,
DOS VECES EL PERRO
Y UNA EL RATÓN.

03
JUNIO

CON SU COLA INMENSA,
VESTIDO DE GRIS,
BUSCA POR TU DESPENSA
EN CUALQUIER PAÍS.

04
JUNIO

SE HACE CON LECHE DE VACA,
DE OVEJA Y DE CABRA
Y SABE A BESO.
¿QUÉ ES ESO?

05
JUNIO

SERPIENTES DE PAPEL
DE VARIAS TONALIDADES,
LAS TIRAMOS EN LAS FIESTAS
Y TAMBIÉN EN CARNAVALES.

06
JUNIO

TENGO FORMA DE PATITO,
ARQUEADO Y REDONDITO.
¿CUÁL NÚMERO SOY?

07
JUNIO

TENGO UNA LARGA MELENA,
SOY FUERTE Y MUY VELOZ.
ABRO LA BOCA MUY GRANDE
Y DOY MIEDO CON MI VOZ.
¿QUIÉN SOY?

08
JUNIO

PÉREZ ANDA Y GIL CAMINA,
HÁBIL SERÁ ÉL QUE LO ADIVINA.

09
JUNIO

YO TENGO CUATRO DIENTES,
Y TE LLEVO LA COMIDA MUY DILIGENTE.

10
JUNIO

EMPEZARÁ POR TE
Y ACABARÁ POR ESA,
¿QUIÉN SERÁ ESA?

11
JUNIO

DE LA TIERRA VENGO,
ESTIRANDO Y ENCOGIENDO;
AMARREN LAS GALLINAS,
QUE A LOS PERROS NO LES TEMO.

12
JUNIO

NADIE ADMIRA MI CANTAR,
NI MIS PATAS, NI MI PICO.
TODOS SE QUEDAN MARAVILLADOS
DE MI ESPLÉNDIDO ABANICO.

13
JUNIO

FRUTA ES, CIUDAD TAMBIÉN;
GRAN REINO FUE
Y AHORA BONITA CIUDAD ES.

14
JUNIO

GIRANDO TODA SU VIDA,
TODA SU VIDA GIRANDO
Y NO APRENDIÓ A SER MÁS RÁPIDA;
DA UNA VUELTA Y TARDA UN DÍA,
DA OTRA VUELTA Y TARDA UN AÑO.

15
JUNIO

YO SALGO TODOS LOS DÍAS
POR ESO ME LLAMAN DIARIO.
ESTOY LLENO DE NOTICIAS,
SUCESOS Y COMENTARIOS.

16
JUNIO

PUEDES RESPONDER SÍ TE INTERESA:
¿QUÉ NÚMERO TIENE EL MISMO NÚMERO DE LETRAS
QUE EL VALOR QUE EXPRESA?

17

ES DE 3 COLORES,
NO HABLA PERO LO ENTIENDO,
PASO SI VISTE VERDE
Y SI ES ROJO ME DETENGO.

18

GRANDE, MUY GRANDE,
MAYOR QUE LA TIERRA.
ARDE Y NO SE QUEMA,
QUEMA Y NO ES CANDELA.

19

SE SIENTE CONTENTO
CUANDO EL SOL SE VA;
AFINA SU GARGANTA
Y SE PONE A CANTAR.

20 JUNIO

EN EL DESIERTO NACÍ,
ENTRE DUNAS ME HE CRIADO,
COMO MI LOMO NO ES RECTO
DICEN QUE SOY JOROBADO.

21 JUNIO

ESTÁ EN EL EDIFICIO,
TAMBIÉN EN LA MACETA,
LA LLEVAS EN EL PIE,
LA COGES EN LA HUERTA.

22 JUNIO

GUARDADO EN INVIERNO,
LO LUZCO EN VERANO,
ES MI ÚNICO TRAJE
EN SITIOS DE BAÑO.

23
JUNIO

SOY BONITO POR DELANTE
A VECES FEO POR DETRÁS,
ME TRANSFORMO A CADA INSTANTE,
YA QUE IMITO A LOS DEMÁS.
¿SABES QUIÉN SOY?

24
JUNIO

CON EL AGUA SE HACE,
EN ELLA SE DESHACE.
¿QUÉ ES?

25
JUNIO

ES LA REINA DEL MAR,
SU DENTADURA ES MUY BUENA,
COMO NUNCA ESTÁ VACÍA
TODOS DICEN QUE VA LLENA.
¿QUIÉN ES?

26
JUNIO

ES UN NÚMERO
REDONDITO
Y SI SE TUMBA,
ES INFINITO

27
JUNIO

A MI NO
ME VERÁS,
PERO SIN
MI NO VIVIRÁS.

28
JUNIO

EL CIELO Y LA TIERRA SE VAN A JUNTAR;
LA OLA Y LA NUBES SE VAN A ENREDAR.
VAYAS DONDE VAYAS SIEMPRE LO VERÁS,
POR MUCHO QUE ANDES NUNCA LO ALCANZARÁS.

29
JUNIO

TODO CUBIERTO
CON TRAJE BLANCO,
CUANDO APAREZCO
A TODOS ESPANTO.

30
JUNIO

AL FINAL DE LOS BRAZOS
ESTÁN LAS MANOS,
AL FINAL DE LOS DEDOS
NOSOTRAS ESTAMOS.

01
JULIO

SI LA DEJAMOS SE PASA;
SI LA VENDEMOS SE PESA;
SI SE HACE VINO SE PISA;
SI LA DEJAMOS SE POSA.

02
JULIO

VOY RODEANDO TU CINTURA
EN MÁS DE UNA OCASIÓN;
Y SI NO ES POR MI AYUDA,
SE TE CAE EL PANTALÓN.

03
JULIO

NO ME PRONUNCIES DOS VECES
QUÉ TENGO SONIDO FEO;
SIENDO LA LETRA DEL KILO
EN LAS CARRETERAS ME VEO.

04
JULIO

A CUESTAS LLEVO MI CASA,
CAMINO SIN TENER PATAS,
POR DONDE MI CUERPO PASA,
QUEDA UN HILILLO DE PLATA.

05
JULIO

ESTOY EN EL MEDIO DEL RÍO
Y NO ME MOJO, NI TENGO FRÍO.

06
JULIO

ES COMO UNA SERPIENTE
MUY, MUY LARGA,
QUE PASEA POR EL JARDÍN
ECHANDO AGUA.

07
JULIO

¿QUÉ SERÁ, QUÉ SERÁ,
QUE CUANTO MÁS SE LE SACA,
MÁS GRANDE ESTÁ?

08
JULIO

CORRE DE NOCHE Y DE DÍA SIN
PARAR A DESCANSAR.
¿DÓNDE IRÁ CON TANTA PRISA?
A ENCONTRARSE CON EL MAR.

09
JULIO

CANTO EN LA ORILLA,
VIVO EN EL AGUA,
NO SOY PESCADO
Y TAMPOCO CIGARRA.
¿QUIÉN SOY?

10
JULIO

NI DE DÍA, NI DE NOCHE
PUEDE MI VELA ALUMBRAR,
PERO CUANDO SOPLA EL VIENTO,
MUY BIEN SUELO NAVEGAR.

11
JULIO

NO LO PAREZCO
Y SOY PEZ;
Y MI FORMA LA REFLEJA
UNA PIEZA DE AJEDREZ.

12
JULIO

SI ME MOJAS HAGO ESPUMA,
CON OJITOS DE CRISTAL,
Y TU CUERPO SE PERFUMA,
MIENTRAS LLEGA MI FINAL.

13
JULIO

EN LOS BAÑOS SUELO ESTAR,
AUNQUE PROVENGO DEL MAR.

14
JULIO

CUANTO MÁS TE SECAS,
CUANTO MÁS ME MOJO.

15
JULIO

ES SEGURO QUE LA ENCONTRARÁS,
CADA VEZ QUE EN TU BOLSILLO
TE PONGAS A BUSCAR.

16
JULIO

AUNQUE SEA BLANCO,
LO LLAMAN AZUL;
Y AUNQUE ESTÉ MUY CERCA,
LEJOS LO VES TÚ.

17 JULIO ¿QUÉ ES LO QUE SE REPITE UNA VEZ CADA MINUTO, DOS VECES CADA MOMENTO Y NUNCA EN CIEN AÑOS?

18 JULIO ¿QUÉ COSA ES, QUE A SU PASO EL HIERRO OXIDA, EL ACERO SE ROMPE Y LA CARNE SE PUDRE?

19 JULIO DE TODAS LAS HIERBAS, PREFIERO LA LECHUGA. TENGO OREJAS LARGAS Y UNA COLA DIMINUTA. SI ECHAMOS UNA CARRERA, GANO SIN DISPUTA.

20
JULIO

LLEVA LA CARA PINTADA,
Y UNOS GRANDES ZAPATONES,
RÍEN LOS CHICOS Y GRANDES,
CON SUS CHISTES Y CANCIONES.

21
JULIO

BAJO MI CARPA GIGANTE,
ACOJO A CHICOS Y GRANDES;
PAYASOS Y TRAPECISTAS
SON TÍPICOS EN MIS PISTAS.

22
JULIO

CUATRO PATAS TIENE,
ASÍ COMO ASIENTO;
DE ELLA ME LEVANTO
Y EN ELLA ME SIENTO.

23
JULIO

SOY UNO MÁS QUE DOS
Y TENGO FORMA DE SERPIENTE,
PERO NO LA QUE MÁS MIENTE.
¿CUÁL NÚMERO SOY?

24
JULIO

CUANDO YO SUBO, TÚ BAJAS;
SI TÚ SUBES, BAJO YO;
A LA MISMA ALTURA
NUNCA PODEMOS ESTAR LOS DOS.

25
JULIO

EN RINCONES Y ENTRE RAMAS
MIS REDES VOY CONSTRUYENDO,
PARA QUE MOSCAS DISTRAÍDAS,
EN ELLAS VAYAN CAYENDO.

26
JULIO

DURANTE TODO EL INVIERNO
ME TIENEN AGASAJADA
Y EN VERANO ME ARRINCONAN,
PUES NO SIRVO PARA NADA.

27
JULIO

EN UN PUERTO HAY TRES BARCOS:
UNO ES UN CRUCERO, OTRO UN
TRASATLÁNTICO Y EL OTRO
YA TE LO HE DICHO.

28
JULIO

¡PI!, CANTAN LOS PÁJAROS,
MIENTO Y DIGO LA VERDAD;
POR MUY LISTO QUE SEAS,
NO SÉ SI LO ACERTARÁS.

29
JULIO

ADIVINA QUIÉN SOY:
CUANTO MÁS LAVO,
MÁS SUCIA VOY.

30
JULIO

UNA VIUDA PERDIÓ A SU PERRO, A
SU GATO Y SU MONEDERO,
¿QUE PERDIÓ PRIMERO?

31
JULIO

SOY UNA FLOR MUY BONITA
Y TENGO ALGO INTERESANTE:
MI NOMBRE TIENE 5 VOCALES
Y ALGUNAS CONSONANTES.

01
AGOSTO

YO SOY EL DIMINUTIVO
DE UNA FRUTA MUY HERMOSA,
EN EL CAMPO SIEMPRE VIVO,
Y MI CABEZA ES VISTOSA.

02
AGOSTO

COMO LA PIEDRA SON DUROS:
PARA EL PERRO UN BUEN MANJAR
Y SIN ELLOS NO PODRÍAS
NI SALTAR NI CAMINAR.

03
AGOSTO

PRIMO LEJANO DEL CERDO,
SEGÚN CUENTAN POR AHÍ;
NOS HEMOS PUESTO DE ACUERDO
EN LLAMARLO…

04 AGOSTO
LA A, ANDA.
LA B, BESA.
LA C, REZA.
¿QUÉ FRUTA ES ESA?

05 AGOSTO
SON UNAS CAJAS CON RUEDA
QUE VAN CORRIENDO EN VAIVÉN;
VIAJA EN ELLAS CUANDO PUEDAS,
ESTE ES EL ......

06 AGOSTO
TODOS DICEN QUE ME QUIEREN
PARA HACER BUENAS JUGADAS,
Y, EN CAMBIO, CUANDO ME TIENEN
ME TRATAN SIEMPRE A PATADAS.

07 AGOSTO
JUEGAN EN LA CANCHA
MÁS ALTOS QUE BAJOS;
METEN LA PELOTA
DENTRO DE LOS AROS.

08

TENGO CADENAS SIN SER PRESO,
SI ME EMPUJAS VOY Y VENGO,
EN LOS JARDINES Y PARQUES
MUCHOS NIÑOS ENTRETENGO.

09

SOY UNA SERPIENTE
QUE CORRE Y QUE VUELA;
TODOS ME SALTAN
SIN QUE LES MUERDA.

10
AGOSTO

TENGO CAMINOS
SIN PAVIMENTO,
RÍOS SIN AGUA,
Y CIUDADES SIN GENTE.
¿QUÉ SOY?

11
AGOSTO

CADA PAÍS ME DISTINGUE,
PUES YO LO REPRESENTO,
SUELO ESTAR EN LAS ALTURAS,
CARA AL SOL Y CARA AL VIENTO.

12
AGOSTO

ACOMPAÑAN A LOS QUE
VAN A LEJANO LUGAR
OBLIGÁNDOLES LA MANO CERRAR.

13 AGOSTO

SOY EL OCÉANO
MÁS TRANQUILO
DEL MUNDO
¿ADIVINAS QUIEN SOY
EN UN SEGUNDO?

14 AGOSTO

ES LA OSA MÁS GRANDE
DEL FIRMAMENTO;
PARA VERLA MEJOR,
BUSCAS AUMENTO.

15 AGOSTO

EN AMÉRICA PUEDO ESTAR,
EN ASIA Y ÁFRICA TENGO UN LUGAR,
EN OCEANÍA ME PUEDES HALLAR,
PERO EN EUROPA NADIE ME PUEDE ENCONTRAR.

16
AGOSTO

DOS HERMANAS,
MENTIRA NO ES,
UNA ES MI TÍA,
LA OTRA NO ES.

17
AGOSTO

VEHÍCULO SOY,
HAGO MUCHÍSIMO RUIDO,
PERO SÓLO DOS
VIAJAN CONMIGO.

18
AGOSTO

ADIVINA, ADIVINA, UNA FIGURA ES,
DOS LADOS MÁS LARGOS Y DOS CORTOS TAMBIÉN,
SE PARECE AL CUADRADO,
PERO SE ALARGA DE UN LADO A LA VEZ.

19
AGOSTO

¿QUÉ ALIMENTO ESE SERÁ,
QUE SUELEN LLEVAR EN UN CESTO
Y DICEN QUE ESTÁ MÁS FRESCO
CUANTO MÁS CALIENTE ESTÁ?

20
AGOSTO

TIENE FAMOSA MEMORIA,
FINO OLFATO Y DURA PIEL,
Y LAS MAYORES NARICES
QUE EN EL MUNDO PUEDE HABER.

21
AGOSTO

DESPUÉS DE HABERME MOLIDO,
AGUA HIRVIENDO ECHAN EN MÍ.
LA GENTE ME BEBE MUCHO
CUANDO NO QUIERE DORMIR.

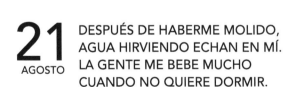

22
AGOSTO

TENGO CABEZA REDONDA,
SIN NARIZ, OJOS, NI FRENTE;
Y MI CUERPO SE COMPONE
TAN SÓLO DE BLANCOS DIENTES.

23
AGOSTO

UNO MÁS UNO DA DOS.
CON ESA OPERACIÓN,
TE DESCUBRO LA SOLUCIÓN
DE UN BUEN JUEGO DE SALÓN.

24
AGOSTO

SOY PÁJARO SIN NIDO
CON LAS ALAS DE METAL,
LAS RUEDAS TENGO DE GOMA
Y LOS OJITOS DE CRISTAL.

25
AGOSTO

A VECES SOY MENSAJERA
Y SÍMBOLO DE LA PAZ;
EN LOS PARQUES Y JARDINES
YA ME VERÁS.

26
AGOSTO

A VER SI ADIVINAS
QUE YA SON LAS DOCE Y MEDIA;
¿CUANTO SON TRES MEDIAS MOSCAS
Y MOSCA Y MEDIA?

27
AGOSTO

EN TU CASA HAY UNA CAJA
QUE TE SUBE Y QUE TE BAJA.

28
AGOSTO

ADIVINA, NIÑO,
QUÉ VOCAL SOY,
QUE NO ESTOY EN LA CASA
Y EN EL TREN VOY.

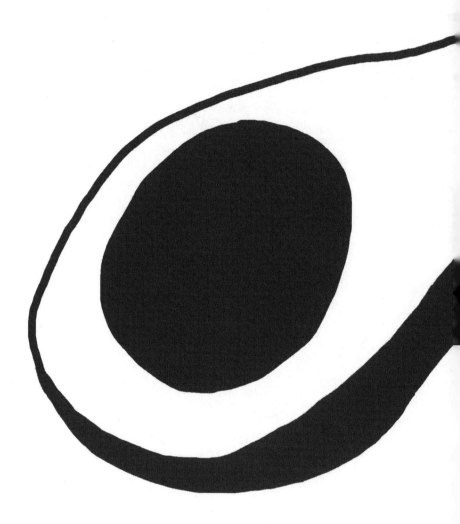

29
AGOSTO

DOY VUELTAS Y NO SOY TIEMPO,
UN SECRETO SÉ GUARDAR;
SI NO ME CUIDAN, ME PIERDO.
¿CON MI NOMBRE SABRÁS DAR?

30
AGOSTO

¿QUIÉN HACE EN LOS TRONCOS
SU OSCURA CASITA
Y ALLÍ ESCONDE TODO
CUÁNTO NECESITA?

31
AGOSTO

SOY UN ANIMAL PATOSO,
Y CUENTO CON MUCHAS PATAS;
PERO, EN CAMBIO, SÓLO TENGO
UN PICO Y UN PAR DE ALAS.

01
SEPTIEMBRE

AGUA PASA POR MI CASA,
CATE POR MI CORAZÓN.
ESPERO QUE CON LO QUE HE DICHO
YA SEPAS LA SOLUCIÓN.
¿QUIÉN SOY?

02
SEPTIEMBRE

VIENE Y VA
Y LO QUE ANTES ESTABA...
¡YA NO ESTÁ!

03
SEPTIEMBRE

DE LOS MESES DEL AÑO,
¿CUAL TIENE 28 DÍAS SIN ENGAÑO?

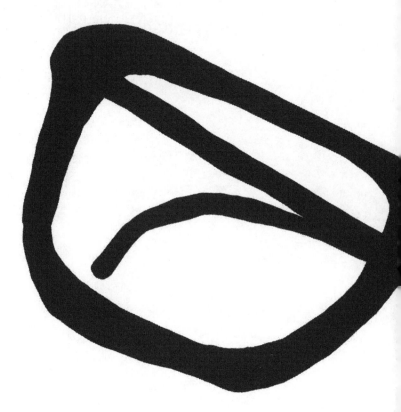

04
SEPTIEMBRE

PASO POR EL FUEGO
Y NO ME QUEMO,
PASO POR EL RÍO
Y NO ME MOJO.

05
SEPTIEMBRE

SOMOS PARTE DE LAS PERSONAS
Y NO SE NOS ESCAPA NADA;
SOMOS UNA PAREJA
QUE NUNCA SE SEPARA.

06
SEPTIEMBRE

TODO EL MUNDO LO LLEVA,
TODO EL MUNDO LO TIENE,
PORQUE A TODOS LES DAN UNO
EN CUANTO AL MUNDO VIENEN.

07
SEPTIEMBRE

SALTA Y NO ES CONEJO,
TIENE BOLSA Y NO VA DE COMPRAS,
TIENE OREJAS LARGAS Y NO ES UN BURRO
¿QUIÉN ES?

08
SEPTIEMBRE

SI PONES ATENCIÓN,
LO PODRÁS ADIVINAR:
VAN PUESTAS EN MI NARIZ
Y SIRVEN PARA MIRAR.

09
SEPTIEMBRE

COSIDA ESTÁ EN LA ROPA,
TIENE DIENTES,
PERO NO BOCA,
Y CORRE SIN TENER PIES.
ADIVINA LO QUE ES.

10
SEPTIEMBRE

SALTA Y SALTA POR LOS MONTES,
USA LAS PATAS DE ATRÁS,
SU NOMBRE YA TE LO HE DICHO,
FÍJATE Y LO VERÁS.

11
SEPTIEMBRE

REDONDO SOY Y ES COSA ANUNCIADA;
SI ESTOY A LA DERECHA ALGO VALGO,
PERO A LA IZQUIERDA NO SOY NADA.

12
SEPTIEMBRE

BUENAS Y SONORAS CUERDAS TENGO;
CUANDO ME RASCAN,
A LA GENTE ENTRETENGO.

13
SEPTIEMBRE

NO HAY NINGÚN DÍA DEL AÑO
EN QUE YO PUEDA DESCANSAR;
SIEMPRE EN TU PECHO CANTANDO,
CON MI RÍTMICO TIC-TAC.

14
SEPTIEMBRE

BLANCA POR DENTRO,
VERDE POR FUERA.
SI QUIERES TE LO DIGO, ESPERA.

15
SEPTIEMBRE

FORMO PARTE DE PARÍS,
EN EL FIN DEL MAR ME ENCUENTRO,
EN EL PRINCIPIO DE ROMA,
Y, DEL NORTE, ESTOY EN EL CENTRO.

16
SEPTIEMBRE

NO ME HACE FALTA SACAR PASAJE:
ME MOJAN LA ESPALDA
Y ME VOY DE VIAJE.

17
SEPTIEMBRE

TENGO AGUJAS
Y NO SÉ COSER,
TENGO NÚMEROS
Y NO SÉ LEER.

18

CON SU TROMPA PREPARADA
PASA A TU LADO ZUMBANDO,
SE POSA EN TU PIEL DESNUDA
Y TU SANGRE VA CHUPANDO.

19

VIVO EN GRANDES RÍOS,
MI PREFERIDO ES EL NILO.
MI NOMBRE ES COCO,
Y MI APELLIDO ES DRILO.

20

¿QUIÉN ES, QUIÉN ES,
LA QUE BEBE POR LOS PIES?

21
SEPTIEMBRE

EN VERANO ÉRAMOS VERDES,
EN OTOÑO MARRONCITAS,
AHORA EL VIENTO NOS LLEVA
A TODO LADO YA SIN VIDA.

22
SEPTIEMBRE

CON UN VELO DE TUL
Y UN TROZO DE PAN
FORMAREMOS UNA FLOR
¿SABES TÚ DECIRME CUÁL?

23
SEPTIEMBRE

A LA JUSTICIA SIEMPRE VA A REPRESENTAR
Y LA GENTE LA SUELE USAR PARA PESAR.

24
SEPTIEMBRE

TERMINO CABEZA ARRIBA,
EMPIEZO CABEZA ABAJO
Y SÓLO PREGUNTAR ES MI TRABAJO.

25
SEPTIEMBRE

¿CUÁL ES DE LOS ANIMALES
AQUEL QUE EN SU NOMBRE
TIENE LAS CINCO VOCALES?

26
SEPTIEMBRE

BAJO LA BANDERA
PARA INICIAR LA CARRERA.

27
SEPTIEMBRE

UNO LARGUITO,
DOS MÁS BAJITOS,
OTRO CHICO Y FLACO,
Y OTRO GORDAZO.

28
SEPTIEMBRE

EN LA CIUDAD O EL CAMPO
ES UN AMIGO DEL HOMBRE.
ADIVINA CUÁL ES ESTE ANIMAL
SIN QUE TE DIGA SU NOMBRE.

29
SEPTIEMBRE

NIETO DE SU BISABUELO,
PADRE DE TUS HERMANOS,
DE TUS PRIMOS ES EL TÍO
Y DE TUS TÍOS HERMANO.

30
SEPTIEMBRE

MI NOMBRE ES LEO,
MI APELLIDO ES PARDO.
¿QUIÉN SOY?

01
OCTUBRE

SOLO ME USAS SI ME ROMPES.
¿QUIÉN PUEDO SER?

02
OCTUBRE

DEDOS TIENE DOS,
PIERNAS Y BRAZOS NO.

03 OCTUBRE

ABIERTA SIEMPRE ESTOY
PARA LAS NIÑAS Y LOS NIÑOS,
Y CERRADA ESTOY,
EN LOS SÁBADOS Y DOMINGOS.

04 OCTUBRE

ABRE Y CIERRA SIN PARAR.
EN ELLA COLORES, LÁPICES
Y TIJERAS PUEDES GUARDAR.
¿QUÉ SERÁ?

05 OCTUBRE

EN LA COLMENA NACIERON,
LUEGO COLORES LES DIERON,
Y RECORRIENDO EL PAPEL
PEQUEÑAS PRONTO SE HICIERON.

06 OCTUBRE
CORTA Y NO ES UN CUCHILLO,
AFILA Y NO ES AFILADOR;
ÉL TE PRESTA SUS SERVICIOS
PARA QUE ESCRIBAS MEJOR.

07 OCTUBRE
ES UN PALO DE CRISTAL
CON BOLITA TERMINAL.
CON LA MANO LO COGEMOS
Y ASÍ ESCRIBIR PODEMOS.

08 OCTUBRE
TENGO MUCHOS BOTONES Y
NÚMEROS PERO, NO TEMAS:
TE DARÉ LAS SOLUCIONES
A TUS PROBLEMAS.

09
OCTUBRE

LA PERSONA QUE ME HACE,
NO TIENE NECESIDAD DE MÍ.
LA PERSONA QUE ME COMPRA,
NO LO USA.
LA PERSONA QUE ME USA,
NO SABE QUE ESTÁ USANDO.

10
OCTUBRE

UN ATAÚD CON DIENTES
LEVANTA LA TAPA SONRIENTE.

11
OCTUBRE

VIVO ENTRE DOS MUROS
QUE NO PUEDEN VERSE
Y AUNQUE NO ME DOBLO,
ME DOBLA LA GENTE.

12
OCTUBRE

ES ALGO Y NADA A LA VEZ.
¿QUÉ DIRÁS QUE ES?

13
OCTUBRE

SUELE TENERLA LA ROSA
Y TAMBIÉN LA TIENE EL PEZ,
AUNQUE NO SE PARECEN EN NADA,
¿SABES TÚ QUE PUEDE SER?

14
OCTUBRE

DE LA TIERRA VOY AL CIELO,
Y DEL CIELO HE DE VOLVER,
SOY EL ALMA DE LOS CAMPOS,
QUE LOS HACE FLORECER.

15
OCTUBRE

AUNQUE NO SOY IMPORTANTE,
EN LA VIDA PINTO ALGO;
MÁS NO PODRÉ TRABAJAR,
CUANDO YO ME QUEDE CALVO.

16
OCTUBRE

SI SOPLA EL AIRE,
A LA CARA VIENE.
QUIEN ES CALVO
NO LO TIENE.

17
OCTUBRE

TE LO DIGO
Y NO ME ENTIENDES
NO TENGO BOCA
Y SI TENGO DIENTES.

18
OCTUBRE

CADA VEZ QUE ME BAÑO
MENOR ES MI TAMAÑO.

19
OCTUBRE

ESTOY DE DÍA Y DE NOCHE
EN CONTINUO MOVIMIENTO.
SIEMPRE ACORTANDO LAS HORAS;
MIRA QUE NO SOY EL TIEMPO.

20
OCTUBRE

SI SOY JOVEN, JOVEN QUEDO.
SI SOY VIEJO, VIEJO QUEDO.
TENGO BOCA Y NO TE HABLO.
TENGO OJOS Y NO TE VEO.

21
OCTUBRE

DAME DE COMER Y VIVO,
DAME DE BEBER Y MORIRÉ.

22
OCTUBRE

AGUA NO LLEVO,
PERO APAGO EL FUEGO.
¿QUÉ SOY?

23
OCTUBRE

ALTA Y DELGADA,
CABEZA BRILLANTE,
ILUMINA DE NOCHE
A LOS CAMINANTES.

24
OCTUBRE

NO SOY PERSONA,
PERO LLEVO SOMBRERO
Y CUANDO LLUEVE,
SALGO EL PRIMERO.

25
OCTUBRE

OREJAS LARGAS,
RABO CORTITO;
CORRO Y SALTO
MUY LIGERITO...
¿QUIÉN SOY?

26
OCTUBRE

COMO CUERDA, YO AMARRO;
COMO CADENAS, SUJETO;
TENGO UN BRAZO Y MUCHOS DEDOS
ENTERRADOS POR EL SUELO.

27
OCTUBRE

NO SOY LEÓN
Y TENGO GARRA,
NO SOY PATO
Y TENGO PATA.

28
OCTUBRE

ANI LLORÓ TODO EL DÍA;
PERDIÓ LO QUE MÁS QUERÍA.

29
OCTUBRE

VIVE EN PIE CONSTANTEMENTE,
CON LOS BRAZOS HACIA FUERA;
SE DESNUDA EN EL OTOÑO
Y SE VISTE EN PRIMAVERA.

30
OCTUBRE

UN BICHITO VERDE
SOBRE LA PARED,
CORRE QUE TE CORRE,
BUSCA QUÉ COMER.

31
OCTUBRE

AMARILLITAS SALTAMOS
Y BLANCAS QUEDAMOS.
¿QUIÉNES SOMOS?

01
NOVIEMBRE

LOS TIENES EN LAS MANOS
Y LOS TIENES EN LOS PIES
Y EN SEGUIDA SABRÁS
QUÉ NÚMERO ES.

02
NOVIEMBRE

EMPIEZA POR "A"
Y NO ES AVE,
SIN SER AVE, VUELA.
¿QUIÉN SERÁ?

03
NOVIEMBRE

SOY BLANCA COMO LA NIEVE
Y DULCE COMO LA MIEL;
YO ALEGRO LOS PASTELES
Y LA LECHE CON CAFÉ.
¿QUIÉN SOY?

04
NOVIEMBRE

TENGO HIPO AL DECIR MI NOMBRE,
¿QUIÉN SOY?

05
NOVIEMBRE

SI ME TIRAN POR EL SUELO
YA NO HAY QUIEN ME RECOJA,
Y EL QUE QUIERA SOSTENERME
ES SEGURO QUE SE MOJA.

06
NOVIEMBRE

¿QUIÉN SERÁ LA DESVELADA,
TÚ LO PUEDES DESCUBRIR?
DÍA Y NOCHE ESTÁ ACOSTADA
Y NO SE PUEDE DORMIR.

07
NOVIEMBRE

EMPIEZA EN LUNA
Y TERMINA EN SOL.

08
NOVIEMBRE

EN LA CALLE ME TOMAN
EN LA CALLE ME DEJAN;
EN TODAS PARTES ENTRO,
DE TODAS PARTES ME ECHAN.

09
NOVIEMBRE

ESTA ES MI FORMA;
TENGO LARGO HOCICO,
Y ME GUSTA COMER POLVO
Y DEJO TODO LIMPITO.

10
NOVIEMBRE

ADIVINAS QUIEN SOY?
UN ÁRBOL CON
LAS CINCO VOCALES.
QUE NO SE REPITEN;
NO SON IGUALES.

11
NOVIEMBRE

UNAS VECES PLATA,
OTRAS VECES ORO.
CUANDO IMPRESA EN PAPEL,
ES UN TESORO.
¿QUÉ ES?

12
NOVIEMBRE

NO SOY DE PLATA,
PLATA NO SOY.
YA TE HE DICHO
QUIÉN SOY.

13
NOVIEMBRE

MALA FAMA A MI ME HAN HECHO
PORQUE EL BARRO ES MI ELEMENTO.
A ALGUNOS DE MIS HERMANOS
LES METEN MONEDAS DENTRO.

14 NOVIEMBRE

ADIVINA ADIVINANZA..
POR EL DÍA ESTÁN ABIERTOS
Y POR LA NOCHE CERRADOS.
¿QUÉ SON?

15 NOVIEMBRE

ES PEQUEÑA COMO UNA PERA,
PERO ALUMBRA LA CASA ENTERA.

16 NOVIEMBRE

SAL AL CAMPO POR LAS NOCHES
SI ME QUIERES CONOCER,
SOY SEÑOR DE GRANDES OJOS,
CARA SERIA Y GRAN SABER.

17 NOVIEMBRE

EN CADA OJO TENGO DOS,
EN DOS OJOS TENGO TRES,
Y SOLO UNA EN DOS.
¿ADIVINA LO QUE ES?

18 NOVIEMBRE

¿QUÉ SERÁ, QUE ES:
MIENTRAS MÁS GRANDE, MENOS SE VE?

19 NOVIEMBRE

SALIMOS CUANDO ANOCHECE,
NOS VAMOS AL CANTAR EL GALLO;
Y HAY QUIEN DICE QUE NOS VE,
CUANDO LE PISAN EL CALLO.

20
NOVIEMBRE

ES TU FAVORITA
CUANDO SIENTES FRÍO;
LA ENCUENTRAS ESCRITA
EN EL VERSO MÍO.

21
NOVIEMBRE

CON LA NIEVE SE HACE
Y EL SOL LO DESHACE.

22
NOVIEMBRE

SOMOS MUCHAS HERMANITAS,
EN UNA SOLA CASA VIVIMOS.
SI NOS RASCAN LA CABEZA
AL INSTANTE MORIMOS.

23
NOVIEMBRE

CUATRO GATOS EN UN CUARTO,
CADA GATO EN UN RINCÓN,
CADA GATO VE TRES GATOS,
ADIVINA CUÁNTOS GATOS SON.

24
NOVIEMBRE

VISTE DE CHALECO BLANCO
Y NEGRO TIENE SU PECHO.
ES UN AVE QUE NO VUELA,
PERO SABE NADAR DERECHO.

25
NOVIEMBRE

EL ROER ES MI TRABAJO,
EL QUESO MI APERITIVO
Y EL GATO SIEMPRE SERÁ
MI MÁS TEMIDO ENEMIGO.
¿QUIÉN SOY?

26
NOVIEMBRE

SUBO LLENA,
BAJO VACÍA,
SI NO ME APURO,
LA SOPA SE ENFRÍA.

27
NOVIEMBRE

SI EN MÍ TU QUIERES VIAJAR,
CASCO TENDRÁS QUE LLEVAR.
CASI SIEMPRE POR LA CIUDAD
A MÍ ME ENCONTRARÁS.

28
NOVIEMBRE

VUELO DE NOCHE,
DUERMO EN EL DÍA
Y NUNCA VERÁS
PLUMAS EN LA MÍA.

29
NOVIEMBRE

MI MADRE ES TARTAMUDA,
MI PADRE ES CANTADOR.
TENGO BLANCO MI VESTIDO,
AMARILLO EL CORAZÓN.

30
NOVIEMBRE

TIENEN JUSTO CINCO DEDOS
COMO LA MANO,
SE RELLENAN EN INVIERNO
Y SE VACÍAN EN VERANO.

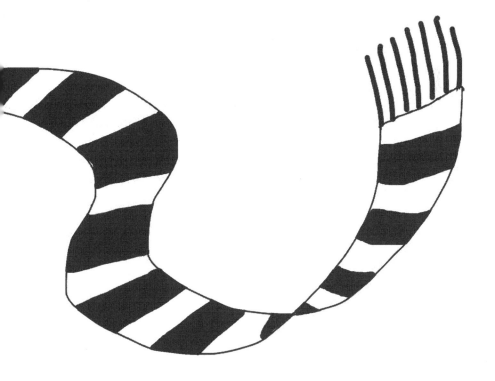

01
DICIEMBRE

LARGA, LARGA COMO UNA SERPIENTE SERÁ;
Y QUIEN LA TIENE EN SU CUELLO, FRÍO NO PASARÁ.

02
DICIEMBRE

VIVO ENVUELTA EN UN COBERTOR,
QUE HAGA FRÍO, QUE HAGA CALOR.

03
DICIEMBRE

AUNQUE SEPAS ESTO
MAGO NO SERÁS,
SI NO SABES
DÓNDE LO DIGERIRÁS.

04
DICIEMBRE

CON TOMATE Y CON LECHUGA,
EN EL PLATO SUELO ESTAR;
PUEDO SER ALGO PICANTE
Y A MUCHOS HAGO LLORAR.

05
DICIEMBRE

CON UNA MANGUERA
CASCO Y ESCALERA
APAGO LOS FUEGOS
Y LAS HOGUERAS.

06
DICIEMBRE

AUNQUE TENEMOS DOS PIERNAS
NO PODEMOS CAMINAR,
PERO VAMOS CON LA PERSONA
A DONDE NOS QUIERA LLEVAR.

07
DICIEMBRE

YO DE COMIDA VOY CARGADO,
LA GENTE ME VACÍA,
PERO NUNCA SOY TRAGADO.

08
DICIEMBRE

HAY UN NÚMERO
QUE MUY VALIENTE SE CREÍA,
PERO, AL QUITARLE SU CINTURÓN,
TODO SU VALOR PERDÍA.
¿CUÁL ERA?

09
DICIEMBRE

PARA SER MÁS ELEGANTE
NO USA GUANTE NI CHAQUÉ;
SÓLO CAMBIA EN UN INSTANTE
POR UNA F, LA LETRA G.

10
DICIEMBRE

ADIVINA, ADIVINANZA
¿QUÉ TIENE UNA PERSONA EN LA PANZA?

11
DICIEMBRE

SI ME MIRAS DEL DERECHO,
ME VERÁS COMO ANIMAL;
SI ME MIRAS AL REVÉS,
YO SERÉ UN CEREAL.

12
DICIEMBRE

LA PERSONA AL CUELLO LA ATA,
Y POCO A POCO LA APRIETA,
HASTA LLEGAR A SU META.

13
DICIEMBRE

YA VES, YA VES,
TAN CLARO QUE ES,
NO ME LO ADIVINAS
NI DE AQUÍ A UN MES.

14
DICIEMBRE

EN EL CAMPO SOY HALLADA
Y AL FUEGO ALIMENTO.
DONDE QUIERA QUE SOY LLEVADA,
ES PARA DARME TORMENTO.

15
DICIEMBRE

PIERDE SU CABEZA POR LA MAÑANA
PERO LA RECUPERA POR LA NOCHE.
¿QUIÉN ES?

16
DICIEMBRE

UNA LETRA ALTA Y DELGADA ES.
LA LUNA Y EL SOL LA LLEVAN,
PERO EN EL AIRE NO LA VES.

17
DICIEMBRE

SIN TENER BOCA
DEVORA LO QUE TOCA.

18
DICIEMBRE

ANA ESTABA EN UNA VENTA,
ERA LA VENTA DE ANA,
DE TODO LLEVABA CUENTA
ASOMADA A LA...

19
DICIEMBRE

NO ES CAMA
NI ES LEÓN,
Y SE CAMUFLA
EN CUALQUIER RINCÓN.
¿QUIÉN ES?

20
DICIEMBRE

ME PISAS Y NO ME QUEJO;
ME CEPILLAS SI ME MANCHO;
Y CON MI HERMANO GEMELO
BAJO TU CAMA DESCANSO.

21
DICIEMBRE

¿QUÉ COSA, QUÉ COSA ES,
QUE YA TE LO HE DICHO,
AUNQUE AL REVÉS?

22
DICIEMBRE

DULCE COMO UN BOMBÓN,
DURO COMO EL CARBÓN
Y SOY PARIENTE DEL POLVORÓN.

23
DICIEMBRE

A LA UNA, A LAS DOS, A LAS TRES,
¿QUÉ COSA ES MUY FRÍA
Y QUEMA A LA VEZ?

24
DICIEMBRE

SON DE COLOR CHOCOLATE,
SE ABLANDAN CON EL CALOR
Y SI SE METEN AL HORNO
EXPLOTAN CON GRAN FUROR.

25
DICIEMBRE

NUNCA ME QUITO LA ROPA,
PERO ME PONGO UN DISFRAZ
SOBRE MI VESTIDO VERDE
AL LLEGAR LA NAVIDAD.

26
DICIEMBRE

HACIENDO RUIDO VIENEN,
HACIENDO RUIDO VAN;
Y, CUANDO MAÑANA VUELVAN,
DE IGUAL MANERA SE IRÁN.

27
DICIEMBRE

LA HAN SACADO DEL MAR,
ES BLANCA Y TAMBIÉN SALADA
Y LA ENCUENTRAS EN LA ENSALADA.
¿QUÉ ES?

28
DICIEMBRE

CINCO BRAZOS, NO TE MIENTO,
HABITA SIEMPRE EN EL MAR,
AUNQUE LA PUEDES HALLAR
DE NOCHE EN EL FIRMAMENTO.

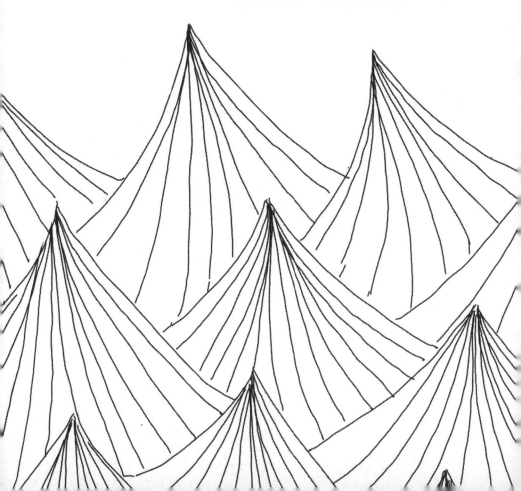

29
DICIEMBRE

SOY PUMA Y NO SOY FELINO;
VUELO Y FLOTO Y NO SOY PÁJARO.
¿QUIÉN SOY?

30
DICIEMBRE

SOY PEQUEÑO Y ALARGADO
EN DOS CONCHAS COLOCADO,
COMO NO PUEDO NADAR,
ME PEGO A LAS ROCAS DEL MAR.

31
DICIEMBRE

¡Y ESE LIBRO VA LLEGANDO A SU FIN!
A VER SI ADIVINAS CUAL ES AL ANIMAL
QUE SIEMPRE LLEGA AL FINAL.

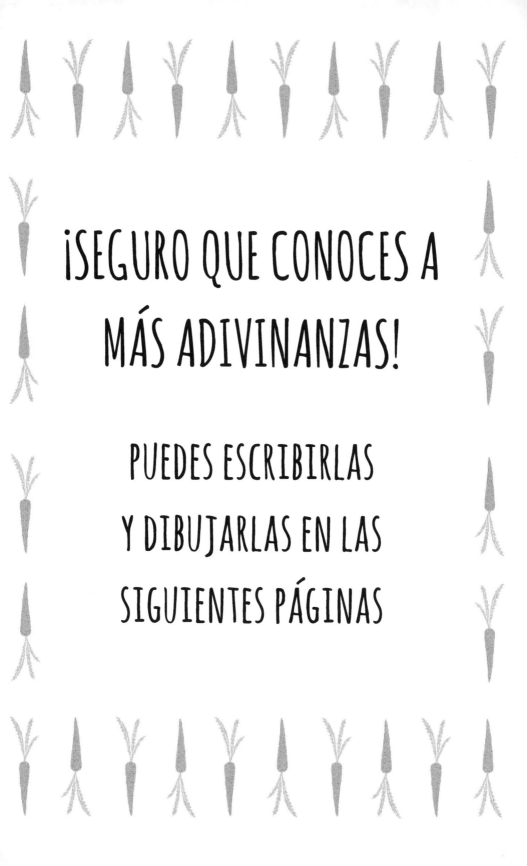

¡SEGURO QUE CONOCES A MÁS ADIVINANZAS!

PUEDES ESCRIBIRLAS Y DIBUJARLAS EN LAS SIGUIENTES PÁGINAS

SOLUCIONES

ENERO

				01 EL UNO (1)
02 EL TIBURÓN	**03** LA ARENA	**04** MARIO	**05** LA SAL	**06** EL CANGREJO
07 EL HUMO	**08** EL CARBÓN	**09** EL VIENTO	**10** LA CEBRA	**11** EL PIJAMA
12 LA CAMA	**13** EL BIGOTE	**14** EL PINCEL	**15** EL PELUQUERO	**16** EL PIOJO
17 LA MESA	**18** EL OCHO (8)	**19** LA BICICLETA	**20** LA LETRA B	**21** EL PAPEL
22 EL LIBRO	**23** EL CABALLO	**24** LA HOJA	**25** LA HUELLA	**26** EL ELEFANTE
27 LA PAPELERA	**28** LA CEBOLLA	**29** EL COCO	**30** LA COLCHA	**31** LA PANZA

FEBRERO

01 EL PÁJARO CARPINTERO	**02** EL SASTRE	**03** LA AGUJA	**04** EL HILO	**05** EL METRO
06 LA ALMOHADA	**07** EL TREN	**08** LA CAJA	**09** LA SETA	**10** UN SECRETO
11 LOS GUANTES	**12** EL PENSAMIENTO	**13** EL DICCIONARIO	**14** LAS LETRAS	**15** LA LETRA H
16 LA LETRA A	**17** LA LLAMA	**18** EL CIEMPIÉS	**19** EL PIE	**20** LOS ZAPATOS
21 LA VACA	**22** LA TELA	**23** EL CUATRO (4)	**24** LA PIÑA	**25** EL PUNTO
26 LA CEBOLLA	**27** EL HIELO	**28** EL ESQUIMAL	**29** LA TORTUGA	

MARZO

				01 EL BANCO
02 ESTEBAN	**03** LA PLANTA DE LOS PIES	**04** LA SOMBRA	**05** LA LETRA W	**06** EL CALCETÍN
07 EL CALENDARIO	**08** EL REPOLLO	**09** EL ÁRBOL	**10** EL SOMBRERO	**11** LA LETRA S
12 EL GALLO	**13** EL DOS (2)	**14** LA AVELLANA	**15** LA MANO	**16** EL TRÉBOL
17 LA JIRAFA	**18** EL TECLADO DEL ORDENADOR	**19** LA NUBE	**20** EL TÉ	**21** LA PRIMAVERA
22 EL CUATRO (4)	**23** LA ABEJA	**24** EL SILBATO	**25** EL LÁPIZ	**26** LA MONTAÑA RUSA
27 EL ARCOÍRIS	**28** EL SIETE (7)	**29** EL HURACÁN	**30** LA MARIQUITA	**31** LAS FLORES

ABRIL

01 LA REGADERA	**02** LA MARIPOSA	**03** LA LUCIÉRGANA	**04** LA COLA BLANCA	**05** EL NUEVE (9) Y EL SEIS (6)
06 LA GOLONDRINA	**07** LAS HORMIGAS	**08** EL GIRASOL	**09** LA CUCARACHA	**10** EL SEIS (6)
11 LOS SEGUNDOS	**12** EL CARACOL	**13** EL ALGODÓN	**14** LA LETRA A	**15** LA NARIZ
16 LA FREGONA	**17** LA SEMILLA	**18** EL DINOSAURIO	**19** EL HELICÓPTERO	**20** EL RELOJ
21 LA LLUVIA	**22** LA LETRA L	**23** LA PLANCHA	**24** LA ABEJA	**25** EL ESCONDITE
26 LA DADO	**27** LA PERSIANA	**28** LA SANDÍA	**29** EL COCODRILO	**30** LA VOZ

MAYO

01 LOS LABIOS

02 CANARIO

03 EL SILENCIO

04 EL TOMATE

05 EL MARTILLO

06 COLONIA

07 EL CARACOL

08 LA CAPA

09 BALDOSA

10 LA ESCALERA

11 LA MARGARITA

12 EL DÍA DE MAÑANA

13 EL TIEMPO

14 EL FIN DE SEMANA

15 EL CUMPLEAÑOS

16 EL GLOBO

17 EL LORO

18 LA MORA

19 EL PICAFLOR

20 LA VIOLETA

21 EL LAZO

22 LA BURBUJA

23 EL GALLO

24 EL SUEÑO

25 LA NUBE

26 LA ABEJA

27 EL CRISTAL

28 LA COMETA

29 LA LETRA E

30 EL BUZÓN

31 LA SARTÉN

JUNIO

01 EL AJO	**02** LA LETRA R	**03** EL RATÓN	**04** EL QUESO	**05** LA SERPENTINA
06 EL DOS (2)	**07** EL LEÓN	**08** EL PEREJIL	**09** EL TENEDOR	**10** LA TERESA
11 LA LOMBRIZ	**12** EL PAVO REAL	**13** LA GRANADA	**14** LA TIERRA	**15** EL PERIÓDICO
16 EL CINCO (5)	**17** EL SEMÁFORO	**18** EL SOL	**19** EL GRILLO	**20** EL CAMELLO
21 LA PLANTA	**22** EL BAÑADOR	**23** EL ESPEJO	**24** LA SAL	**25** LA BALLENA
26 EL OCHO (8)	**27** EL AIRE	**28** EL HORIZONTE	**29** EL FANTASMA	**30** LAS UÑAS

JULIO

				01 LA UVA
02 EL CINTURÓN	**03** LA LETRA K	**04** EL CARACOL	**05** LA LETRA i	**06** LA MANGUERA
07 EL HOYO	**08** EL RÍO	**09** LA RANA	**10** EL VELERO	**11** EL CABALLITO DEL MAR
12 EL JABÓN	**13** LA ESPONJA	**14** LA TOALLA	**15** TU MANO	**16** EL AZULEJO
17 LA LETRA M	**18** EL TIEMPO	**19** EL CONEJO	**20** EL PAYASO	**21** EL CIRCO
22 LA SILLA	**23** EL TRES (3)	**24** EL BALANCÍN	**25** LA ARAÑA	**26** LA ESTUFA
27 EL YATE	**28** EL PIMIENTO	**29** EL AGUA	**30** SU PAREJA	**31** LA ORQUÍDEA

AGOSTO

				01 LA MANZANILLA
02 LOS HUESOS	**03** JABALÍ	**04** LA CEREZA	**05** EL TREN	**06** EL BALÓN
07 EL BALONCESTO	**08** EL COLUMPIO	**09** LA COMBA	**10** EL MAPA	**11** LA BANDERA
12 LA MALETA	**13** EL OCEANO PACÍFICO	**14** LA OSA MAYOR	**15** LA LETRA i	**16** MI MADRE
17 LA MOTO	**18** EL RETÁNGULO	**19** EL PAN	**20** EL ELEFANTE	**21** EL CAFÉ
22 EL AJO	**23** EL DADO	**24** EL AVIÓN	**25** LA PALOMA	**26** TRES MOSCAS
27 EL ASCENSOR	**28** LA LETRA E	**29** LA LLAVE	**30** LA ARDILLA	**31** EL PATO

SEPTIEMBRE

01 EL AGUACATE	**02** LA GOMA DE BORRAR	**03** TODOS	**04** LA SOMBRA	**05** LOS OJOS
06 EL NOMBRE	**07** EL CANGURO	**08** LAS GAFAS	**09** LA CREMALLERA	**10** EL SALTAMONTES
11 EL CERO	**12** LA GUITARRA	**13** EL CORAZÓN	**14** LA PERA	**15** LA LETRA R
16 EL SELLO	**17** EL RELOJ	**18** EL MOSQUITO	**19** EL COCODRILO	**20** LA PLANTA
21 LAS HOJAS	**22** EL TULIPÁN	**23** LA BÁSCULA	**24** EL SIGNO DE INTERROGACIÓN	**25** LA MURCIÉLAGO
26 EL TAXISTA	**27** LOS DEDOS	**28** EL PERRO	**29** TU PADRE	**30** EL LEOPARDO

OCTUBRE

	01 EL HUEVO

02 LA LETRA D

03 LA ESCUELA

04 EL ESTUCHE

05 LAS CERAS DE PINTAR

06 EL SACAPUNTAS

07 EL BOLÍGRAFO

08 LA CALCULADORA

09 EL ATAÚD

10 EL PIANO

11 LA ESQUINA

12 EL PEZ

13 LA ESPINA

14 EL AGUA

15 EL PINCEL

16 EL PELO

17 EL PEINE

18 EL JABÓN

19 EL RELOJ

20 EL RETRATO

21 EL FUEGO

22 EL EXTINTOR

23 LA FAROLA

24 LA SETA

25 EL CONEJO

26 LAS RAÍCES

27 LA GARRAPATA

28 EL ANILLO

29 EL ÁRBOL

30 LA LAGARTIJA

31 LA S PALOMITAS

NOVIEMBRE

01 EL CINCO (5)	**02** LA ABUELA	**03** EL AZÚCAR	**04** EL HIPOPOTAMO	**05** EL AGUA
06 LA CAMA	**07** LA LETRA L	**08** EL POLVO	**09** LA ASPIRADORA	**10** EL EUCALIPTO
11 LA MONEDA	**12** EL PLÁTANO	**13** EL CERDO	**14** LOS OJOS	**15** LA BOMBILLA
16 EL BÚHO	**17** LA LETRA O	**18** LA OSCURIDAD	**19** LAS ESTRELLAS	**20** LA ESTUFA
21 EL MUÑECO DE NIEVE	**22** LAS CERILLAS	**23** CUATRO (4)	**24** EL PINGUINO	**25** EL RATÓN
26 LA CUCHARA	**27** LA MOTO	**28** EL MURCIÉLAGO	**29** EL HUEVO	**30** LOS GUANTES

DICIEMBRE

				01 LA BUFANDA
02 LA OVEJA	**03** EL ESTÓMAGO	**04** LA CEBOLLA	**05** EL BOMBERO	**06** EL PANTALÓN
07 EL PLATO	**08** EL 8 QUE SE CONVIERTE EN 0	**09** EL ELEFANTE	**10** EL OMBLIGO	**11** ZORRA/ ARROZ
12 LA CORBATA	**13** LAS LLAVES	**14** LA LEÑA	**15** LA ALMOHADA	**16** LA LETRA L
17 EL FUEGO	**18** VENTANA	**19** EL CAMALEÓN	**20** LAS PANTUFLAS	**21** EL SACO
22 EL TURRÓN	**23** EL HIELO	**24** LA CASTAÑA	**25** EL ÁRBOL DE NAVIDAD	**26** LAS OLAS
27 LA SAL	**28** LA ESTRELLA DEL MAR	**29** LA ESPUMA	**30** EL MEJILLÓN	**31** EL DELFÍN

Made in United States
Orlando, FL
29 November 2024

54610965R00083